Eliete Canesi Morino
Graduada pela Pontifícia Universidade Católica de São Paulo (PUC-SP)
em Língua e Literatura Inglesa e Tradução e Interpretação.
Especialização em Língua Inglesa pela International Bell School of London.
Pós-graduada em Metodologia da Língua Inglesa pela Faculdade de Tecnologia e Ciência.
Atuou como professora na rede particular de ensino e em projetos comunitários.

Rita Brugin de Faria
Graduada pela Faculdade de Arte Santa Marcelina
e pela Faculdade Paulista de Arte.
Especialização em Língua Inglesa pela International Bell School of London.
Pós-graduada em Metodologia da Língua Inglesa pela Faculdade de Tecnologia e Ciência.
Especialista em alfabetização, atuou como professora e coordenadora
pedagógica nas redes pública e particular de ensino.

editora scipione

Presidência: Mario Ghio Júnior
Direção editorial: Lidiane Vivaldini Olo
Gerência editorial: Viviane Carpegiani
Gestão de área: Tatiany Renó (Anos Iniciais)
Edição: Mariangela Secco (coord.), Ana Lucia Militello
Planejamento e controle de produção: Flávio Matuguma, Juliana Batista, Felipe Nogueira e Juliana Gonçalves
Revisão: Kátia Scaff Marques (coord.), Brenda T. M. Morais, Cláudia Virgílio, Daniela Lima, Malvina Tomáz e Ricardo Miyake
Arte: André Gomes Vitale (ger.), Catherine Saori Ishihara (coord.), Christine Getschko (edição de arte)
Diagramação: Ponto Inicial Design Gráfico
Iconografia e tratamento de imagem: Sílvio Kligin (ger.), Claudia Bertolazzi (coord.), Jad Silva (pesquisa), Fernanda Crevin (tratamento de imagens)
Licenciamento de conteúdos de terceiros: Roberta Bento (gerente); Jenis Oh (coord.); Liliane Rodrigues e Flávia Zambon (analistas); Raísa Maris Reina (assist.)
Ilustrações: Bruna Assis (Aberturas de unidade), Ari Nicolosi, Ilustra Cartoon, Marimbando e Sirayama
Design: Gláucia Correa Koller (ger.), Flávia Dutra e Gustavo Vanini (proj. gráfico e capa), Erik Taketa (pós-produção)
Ilustração de capa: Estúdio Luminos

Todos os direitos reservados por Somos Sistemas de Ensino S.A.
Avenida Paulista, 901, 6º andar
Bela Vista – São Paulo – SP – CEP 01310-200
http://www.somoseducacao.com.br

Dados Internacionais de Catalogação na Publicação (CIP)

```
Morino, Eliete Canesi
   Marcha Criança : Língua Inglesa : 1º ao 5º ano /
Eliete Canesi Morino, Rita Brugin. -- 3. ed. -- São
Paulo : Scipione, 2020.
   (Coleção Marcha Criança ; vol. 1 ao 5)

   Bibliografia

   1. Língua inglesa (Ensino fundamental) - Anos iniciais
I. Título II. Brugin, Rita III. Série

                                        CDD 372.652
20-1102
```

Angélica Ilacqua - Bibliotecária - CRB-8/7057

2023
Código da obra CL 745885
CAE 721142 (AL) / 721141 (PR)
ISBN 9788547403058 (AL)
ISBN 9788547403065 (PR)
3ª edição
5ª impressão
De acordo com a BNCC.

Impressão e acabamento: Bercrom Gráfica e Editora

Com ilustrações de **Bruna Assis**, seguem abaixo os créditos das fotos utilizadas nas aberturas de Unidade:

UNIDADE 1: Folhas: vilax/Shutterstock, **Arbusto com flores:** sakdam/Shutterstock, **Banco de areia:** Denise Lett/Shutterstock.

UNIDADE 2: Fachada do museu: Nagel Photography/Shutterstock, **Fachada da escola:** Natalia Sidorova/Shutterstock, **Fachada do shopping:** saiko3p/Shutterstock, **Vaso:** dropStock/Shutterstock, **Carro:** Tomaschudas/Shutterstock.

UNIDADE 3: Toalha de piquenique: New Africa/Shutterstock, **Arbusto com flores:** RUNGSAN NANTAPHUM/Shutterstock, **Mesa:** Byjeng/Shutterstock, **Travessa com sanduíches:** Timolina/Shutterstock, **Tábua com sanduíches:** Dream79/Shutterstock, **Garrafa de suco:** Lifestyle Travel Portrait/Shutterstock, **Tigela com frutas secas:** 5PH/Shutterstock, **Pote verde com frutas:** Lithiumphoto/Shutterstock, **Tigela com frutas frescas:** Andrey Shtanko/Shutterstock.

UNIDADE 4: Praia: icemanphotos/Shutterstock, **Savana:** U. Eisenlohr/Shutterstock, **Fazenda:** Scott Prokop/Shutterstock.

APRESENTAÇÃO

QUERIDO ALUNO, QUERIDA ALUNA,

QUANTO MAIS CEDO COMEÇAMOS A ESTUDAR UMA SEGUNDA LÍNGUA, MAIS SIMPLES E FÁCIL É APRENDÊ-LA.

COM A COLEÇÃO **MARCHA CRIANÇA – LÍNGUA INGLESA**, VOCÊ DESCOBRIRÁ QUE A LÍNGUA INGLESA JÁ FAZ PARTE DO DIA A DIA, E ESPERAMOS QUE VOCÊ TENHA PRAZER EM APRENDER ESSE IDIOMA, TÃO NECESSÁRIO PARA ENTENDER MELHOR O MUNDO EM QUE VIVEMOS.

AQUI VOCÊ ENCONTRA UM MODO DIVERTIDO DE APRENDER POR MEIO DE DIVERSAS ATIVIDADES, COMO COLAGENS, DESENHOS, PINTURAS, DRAMATIZAÇÕES, JOGOS, CANÇÕES E MUITO MAIS!

PARTICIPE COM ENTUSIASMO DAS AULAS E APROVEITE ESTA OPORTUNIDADE QUE O PROFESSOR E ESTA COLEÇÃO PROPICIAM: APRENDER INGLÊS DE MANEIRA BASTANTE INSTIGANTE E MOTIVADORA.

GOOD JOB!

AS AUTORAS

Bruna Assis/Arquivo da editora

KNOW YOUR BOOK

VEJA A SEGUIR COMO SEU LIVRO ESTÁ ORGANIZADO.

JOIN THE CIRCLE!
VOCÊ E OS COLEGAS TERÃO A OPORTUNIDADE DE CONVERSAR SOBRE A CENA APRESENTADA E A RESPEITO DO QUE JÁ SABEM SOBRE O TEMA DA UNIDADE.

UNIT
SEU LIVRO ESTÁ ORGANIZADO EM QUATRO UNIDADES TEMÁTICAS, COM ABERTURAS EM PÁGINAS DUPLAS. CADA UNIDADE TEM DUAS LIÇÕES. AS ABERTURAS DE UNIDADE SÃO COMPOSTAS DOS SEGUINTES BOXES:

LET'S LEARN!
AQUI VOCÊ VAI ENCONTRAR A LISTA DOS CONTEÚDOS QUE SERÃO ESTUDADOS NA UNIDADE.

LISTEN AND SAY
ESTA SEÇÃO TEM O PROPÓSITO DE FAZER VOCÊ EXPLORAR A CENA DE ABERTURA DA LIÇÃO. PERMITE TAMBÉM QUE VOCÊ ENTRE EM CONTATO COM AS ESTRUTURAS QUE SERÃO TRABALHADAS, E DESENVOLVA SUAS HABILIDADES AUDITIVA E ORAL.

KEY WORDS
ESTE BOXE APRESENTA NOMES DE OBJETOS E DE PARTES DA CENA DE ABERTURA QUE SERÃO ESTUDADOS AO LONGO DA LIÇÃO.

LANGUAGE TIME
ESTA SEÇÃO TRAZ ATIVIDADES QUE VÃO POSSIBILITAR QUE VOCÊ EXPLORE A LÍNGUA INGLESA DE FORMA SIMPLES E NATURAL.

NOW, WE KNOW!
MOMENTO DE VERIFICAR SE OS CONTEÚDOS FORAM COMPREENDIDOS POR MEIO DE ATIVIDADES DIVERSIFICADAS.

LET'S PRACTICE!
ESTA SEÇÃO PROPÕE ATIVIDADES PARA REFORÇAR O QUE FOI ESTUDADO NA LIÇÃO. VOCÊ VAI COLOCAR EM PRÁTICA O QUE APRENDEU NAS SEÇÕES ANTERIORES.

IT'S YOUR TURN!
ESTA SEÇÃO PROPÕE ATIVIDADES PROCEDIMENTAIS, EXPERIÊNCIAS OU VIVÊNCIAS PARA VOCÊ APRENDER NA PRÁTICA O CONTEÚDO ESTUDADO.

TALKING ABOUT…
A SEÇÃO TRAZ UMA SELEÇÃO DE TEMAS PARA REFLETIR, DISCUTIR E APRENDER MAIS, CAPACITANDO VOCÊ PARA ATUAR NO DIA A DIA COM MAIS CONSCIÊNCIA!

REVIEW
ESTA SEÇÃO TRAZ ATIVIDADES DE REVISÃO DE CADA UMA DAS LIÇÕES.

LET'S PLAY!
ATIVIDADES LÚDICAS PARA QUE VOCÊ APRENDA ENQUANTO SE DIVERTE!

MATERIAL COMPLEMENTAR

READER
LIVRO DE LEITURA QUE ACOMPANHA CADA VOLUME. A HISTÓRIA ESTIMULA A IMAGINAÇÃO E O CONHECIMENTO LINGUÍSTICO, LEVANDO VOCÊ A UMA AVENTURA EMOCIONANTE PELO MUNDO DA LITERATURA.

GLOSSARY
TRAZ AS PALAVRAS-CHAVE EM INGLÊS, ESTUDADAS AO LONGO DESTE VOLUME, SEGUIDAS DA TRADUÇÃO EM PORTUGUÊS.

QUANDO VOCÊ ENCONTRAR ESTES ÍCONES, FIQUE ATENTO!

- IN PAIRS
- IN GROUP
- SAY
- STICK
- WRITE
- DRAW
- CIRCLE
- MAKE AN X
- NUMBER
- COLOR
- DOT TO DOT
- MATCH
- LISTEN

CONTENTS

UNIT 1 — HAVING FUN 8

≥ LESSON 1 ≤
FAMILY DAY 10

LANGUAGE POINTS:
PARENTS, GRANDMA, GRANDPA, COUSIN, DAD, MOM, SISTER, BROTHER, BABY BROTHER

THIS IS MY FAMILY AND SOME FRIENDS. / WE ARE HAVING FUN!

≥ LESSON 2 ≤
MY FAVORITE TOY 18

LANGUAGE POINTS:
BALL, BIKE, VIDEO GAME, DOLL, PUZZLE, MINICAR, HULA HOOP

WHAT IS YOUR FAVORITE TOY? / MY FAVORITE TOY IS THE DOLL.

TALKING ABOUT...:
KIDS NEED TO PLAY 26

UNIT 2 — THE CITY 28

≥ LESSON 3 ≤
AT SCHOOL 30

LANGUAGE POINTS:
PEN, BOOK, NOTEBOOK, SCHOOLBAG, LAPTOP, PENCIL, PENCIL CASE, PENCIL SHARPENER, ERASER

LOOK! THIS IS MY CLASSROOM! / GOOD AFTERNOON!

≥ LESSON 4 ≤
WALKING AROUND TOWN 38

LANGUAGE POINTS:
MUSEUM, SUPERMARKET, PARK, HOSPITAL, SHOPPING MALL, SPORTS CLUB

WHAT IS YOUR FAVORITE PLACE IN TOWN? / MY FAVORITE PLACE IS THE SPORTS CLUB!

IT'S YOUR TURN!:
CITY MODEL 46

UNIT 3 — HEALTHY LIFE 48

⇒ LESSON 5 ⇐
NICE BREAKFAST 50

LANGUAGE POINTS:
EGGS, APPLES, BANANAS, COFFEE, CAKE, BREAD, SUGAR, BUTTER, ORANGES, MILK

ENJOY YOUR BREAKFAST, DANIEL! / THANKS, MOM. WHAT A DELICIOUS CAKE!

⇒ LESSON 6 ⇐
BODY HEALTH 58

LANGUAGE POINTS:
HEAD, HAIR, EYE, NOSE, MOUTH, EAR, ARM, HAND, FINGER, LEG, FOOT

LOOK. HIS HAIR IS BLOND AND HIS EYES ARE BROWN.

TALKING ABOUT...:
BE HEALTHY! 66

UNIT 4 — MOTHER NATURE 68

⇒ LESSON 7 ⇐
AT THE BEACH 70

LANGUAGE POINTS:
SUN, MOON, STAR, SEA, CLOUD, SAND, SKY

I LOVE THE BEACH! / ME TOO!

⇒ LESSON 8 ⇐
ANIMALS 78

LANGUAGE POINTS:
LION, ELEPHANT, MONKEY, GIRAFFE, COW, HORSE, PIG, CHICK, CAT, DOG

LOOK AT THE BEAUTIFUL ANIMALS. / I LOVE DOGS. / WHAT IS YOUR FAVORITE ANIMAL? / MY FAVORITE ANIMAL IS THE CAT.

IT'S YOUR TURN!:
SAVE THE ANIMALS! 86

REVIEW 88
LET'S PLAY! 96
AUDIO TRANSCRIPT 104
GLOSSARY 105
SUGGESTIONS FOR STUDENTS 111
BIBLIOGRAPHY 112
MEMORY GAME 113
STICKERS

UNIT 1

HAVING FUN

JOIN THE CIRCLE!
- WHAT DO YOU SEE IN THE PICTURE?
- WHO ARE THESE PEOPLE?
- WHAT ARE THEY DOING?

LET'S LEARN!
- FAMILY MEMBERS
- TOYS

LESSON 1 — FAMILY DAY

LISTEN AND SAY

KEY WORDS

1 LOOK, LISTEN AND SAY.

 PARENTS

 GRANDMA

 GRANDPA

 COUSIN

DAD

MOM

SISTER

BROTHER

BABY BROTHER

LANGUAGE TIME

1 LISTEN, POINT AND SAY.

A)

● DAD, MOM, PARENTS

B)

● BABY BROTHER

C)

● BROTHER

D)

● SISTER

E)

● GRANDPA

F)

● GRANDMA

2 STICK AND SAY.

NOW, WE KNOW!

1 MATCH.

| PARENTS | GRANDMA | MOM | DAD |

| BROTHER | SISTER | GRANDPA | BABY BROTHER |

2 CIRCLE AND SAY.

A)

GRANDMA AND GRANDPA
COUSINS   PARENTS

B)

BABY BROTHER   DAD
GRANDMA

C)

COUSINS   PARENTS
SISTER

D)

GRANDPA   BABY BROTHER
GRANDMA

E)

SISTER   BROTHER
GRANDMA

F)

DAD   SISTER
BROTHER

1 WRITE THE FAMILY MEMBERS.

2 DRAW OR GLUE A PICTURE OF YOUR FAMILY.

🎵 LET'S SING!

MY FAMILY

THIS IS MY FAMILY.
DAD, MOM,
MY BROTHER AND ME.
THIS IS MY FAMILY.
DAD, MOM,
MY SISTER AND ME.

LESSON 2
MY FAVORITE TOY

LISTEN AND SAY

"HELLO, BOYS AND GIRLS!"

KEY WORDS

1 LOOK, LISTEN AND SAY.

BALL

BIKE

VIDEO GAME

| DOLL | PUZZLE | MINICAR | HULA HOOP |

LANGUAGE TIME

1 LISTEN AND SAY.

A)

- BALL

B)
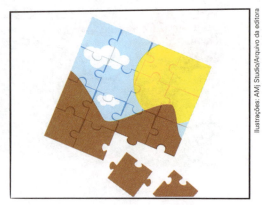
- PUZZLE

C)

- BIKE

D)

- VIDEO GAME

E)

- MINICAR

F)

- DOLL

2 LISTEN, MATCH AND SAY.

- MEG

- JOE

- THEO

- BELLA

- ARCHIE

NOW, WE KNOW!

1 WORD SEARCH.

BIKE

DOLL

VIDEO GAME

```
Q B W D O L L B R T M S
V I D E O * G A M E G H
Y K X M E O S L U C W O
F E G P U Z Z L E N A O
Y K S M I N I C A R R P
```

PUZZLE

MINICAR

BALL

2 COLOR AND SAY.

1. BLUE	2. RED	3. YELLOW	4. GREEN
🟦	🟥	🟨	🟩

DOLL

MINICAR

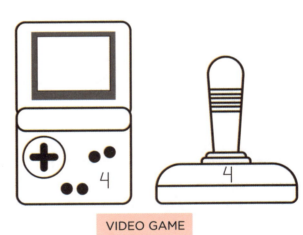

VIDEO GAME

3 DRAW AND COLOR.

MY FAVORITE TOY

TWENTY-THREE **23**

LET'S PRACTICE!

1 QUIZ. INTERVIEW YOUR CLASSMATES: WHAT IS YOUR FAVORITE TOY?

CLASSMATES	BALL	BIKE	DOLL	HULA HOOP	MINICAR	PUZZLE	VIDEO GAME

2 CIRCLE THE TOYS AND SAY.

🎵 **LET'S SING!**

HAPPY BIRTHDAY!

HAPPY BIRTHDAY TO YOU,
HAPPY BIRTHDAY TO YOU,
HAPPY BIRTHDAY, DEAR LILY,
HAPPY BIRTHDAY TO YOU!

TALKING ABOUT...

KIDS NEED TO PLAY

- WHAT DO THESE PICTURES REPRESENT?

- WHY DO KIDS NEED TO PLAY?

1 WRITE THE NAME OF A GAME AND DRAW A SCENE.

2 TALK ABOUT THINGS YOU LEARN WHEN YOU PLAY WITH YOUR FRIENDS.

A) WHAT DO YOU LEARN FROM PLAYING GAMES?

B) SHARE WITH YOUR CLASSMATES.

UNIT 2
THE CITY

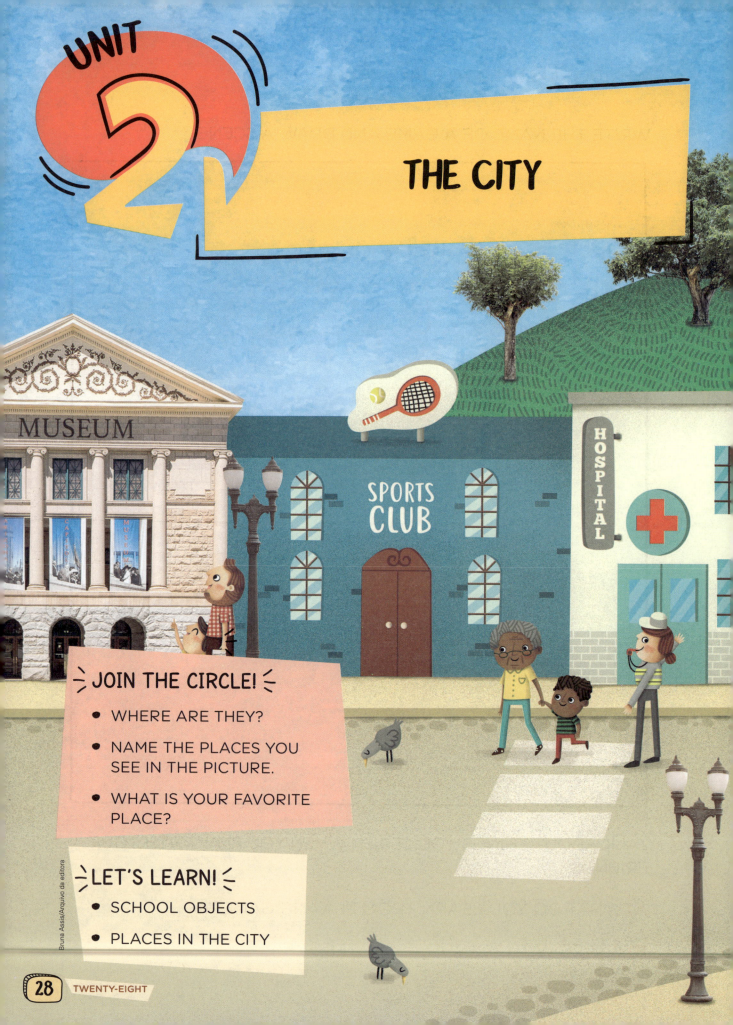

JOIN THE CIRCLE!
- WHERE ARE THEY?
- NAME THE PLACES YOU SEE IN THE PICTURE.
- WHAT IS YOUR FAVORITE PLACE?

LET'S LEARN!
- SCHOOL OBJECTS
- PLACES IN THE CITY

LESSON 3: AT SCHOOL

LISTEN AND SAY

KEY WORDS

1 LOOK, LISTEN AND SAY.

PEN BOOK NOTEBOOK SCHOOLBAG

LAPTOP   PENCIL   PENCIL CASE   PENCIL SHARPENER   ERASER

LANGUAGE TIME

1 STICK AND SAY.

A)

BOOK

B)

PENCIL

C)

ERASER

D)

NOTEBOOK

E)

PENCIL SHARPENER

F)

SCHOOLBAG

G)

LAPTOP

2 COUNT AND MATCH.

A) 2 • TWO

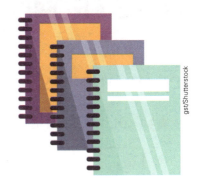

B) 10 • TEN

C) 5 • FIVE

D) 3 • THREE

E) 8 • EIGHT

NOW, WE KNOW!

1 DRAW AND SAY.

A) FOUR ERASERS

B) SIX PENS

C) SEVEN BOOKS

D) NINE PENCILS

2 WRITE AND SAY.

THIS IS MY SCHOOL.

THE NAME OF YOUR SCHOOL IS:
_____

THE NAME OF YOUR ENGLISH TEACHER IS:
_____

3 JOIN THE DOTS, COLOR THE PICTURE AND NAME THE SCHOOL OBJECT. WHAT IS IT?

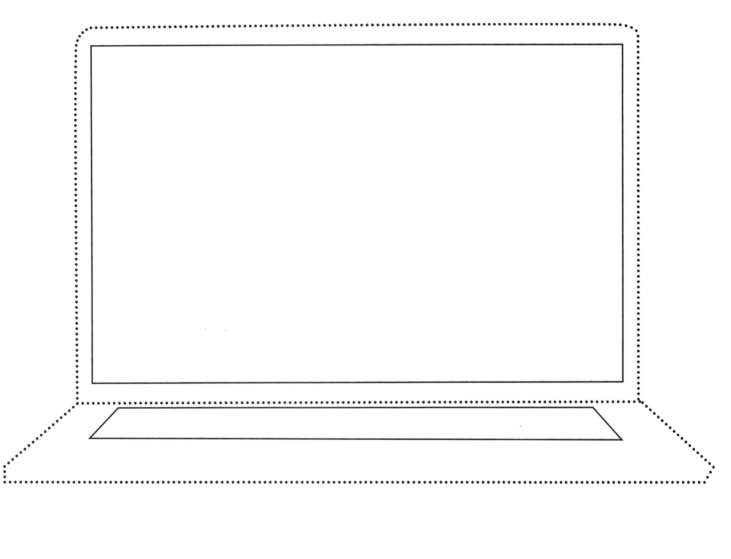

1 LISTEN, SAY AND WRITE.

MY NAME IS ANNE. WHAT IS YOUR NAME?

MY NAME IS
_____.

2 LISTEN AND CIRCLE.

A)

ERASER   NOTEBOOK

PEN   BOOK

B)

PEN   BOOK

NOTEBOOK   PENCIL

C)

PENCIL   ERASER

BOOK   NOTEBOOK

D)

NOTEBOOK   PENCIL

ERASER   SCHOOLBAG

E)

SCHOOLBAG   PENCIL

PENCIL SHARPENER   BOOK

F)

BOOK   PEN

SCHOOLBAG ERASER

3 READ AND COLOR THE NOTEBOOKS.

🎵 LET'S SING!

LET'S GO TO SCHOOL!

WHERE IS MY SCHOOLBAG?

WHERE IS MY SCHOOLBAG?

HERE IT IS!

HERE IT IS!

PEN, PENCIL, ERASER, BOOK

PENCIL SHARPENER AND NOTEBOOK

LET'S GO TO SCHOOL!

LET'S GO TO SCHOOL!

THIRTY-SEVEN 37

LESSON 4 — WALKING AROUND TOWN

LISTEN AND SAY

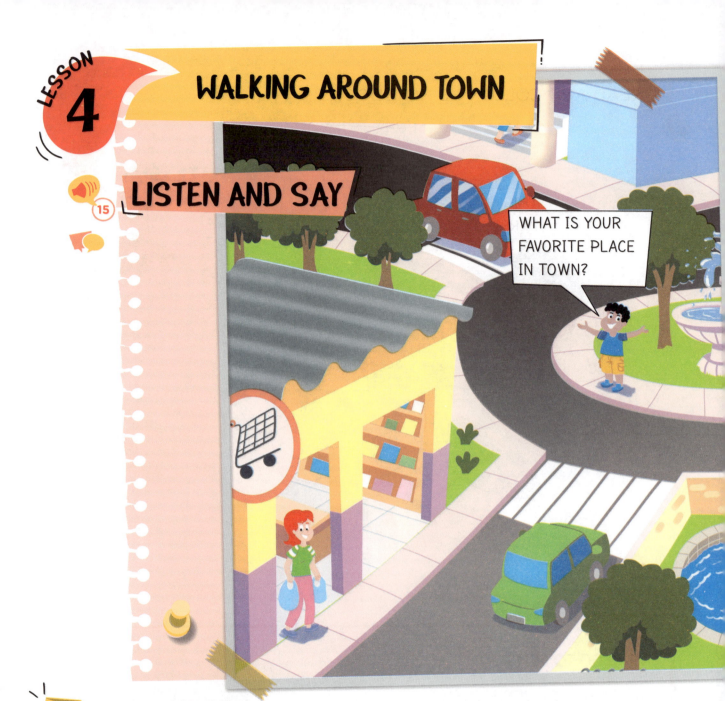

WHAT IS YOUR FAVORITE PLACE IN TOWN?

KEY WORDS

1 LOOK, LISTEN AND SAY.

MUSEUM

SUPERMARKET

PARK

HOSPITAL

SHOPPING MALL

SPORTS CLUB

LANGUAGE TIME

1 STICK AND SAY.

2 MAKE AN **X** AND SAY.

MY FAVORITE PLACE IS THE PARK. WHAT IS YOUR FAVORITE PLACE?

☐ PARK

☐ SHOPPING MALL

☐ SPORTS CLUB

☐ MUSEUM

☐ SUPERMARKET

NOW, WE KNOW!

1 MATCH AND COMPLETE THE SENTENCE.

THE GIRLS AND BOYS ARE IN THE P_____.

2 LISTEN AND MAKE AN X.

A)

B)

C)

D)

LET'S PRACTICE!

1 COMPLETE THE CROSSWORD.

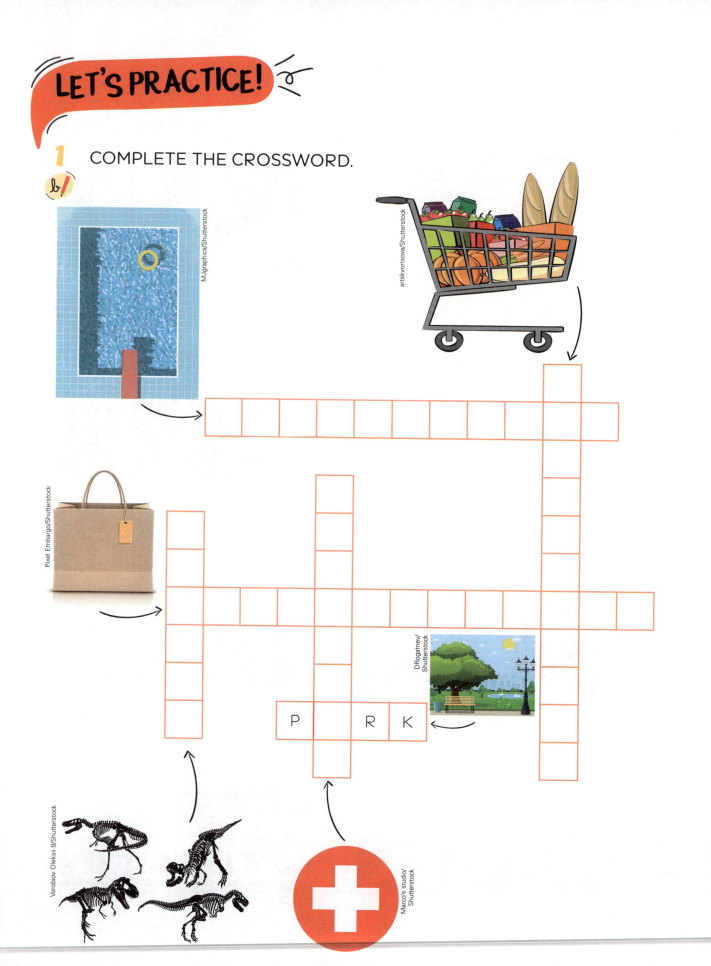

2 LISTEN AND MATCH THE PICTURES.

A)

B)

C)

LET'S SING!

WHAT A BUSY DAY!

GOING TO THE HOSPITAL
THEN TO THE SHOPPING MALL
WHAT A BUSY DAY! (2X)

GOING TO THE PARK
AND TO THE SUPERMARKET
WHAT A BUSY DAY! (2X)

LET'S GO TO THE SPORTS CLUB.
IT'S TIME TO RELAX!
WHAT A GOOD IDEA! (2X)
FOR A LONG AND BUSY DAY. (2X)

IT'S YOUR TURN!

CITY MODEL

 IN GROUPS, FOLLOW THE STEPS BELOW.

YOU NEED:

- SMALL EMPTY CARDBOARD BOXES OF DIFFERENT SIZES

- THICK CARDBOARD

- COLORED CLOTHING BUTTONS FOR THE CARS WHEELS

- MINIATURES OF TREES, CARS OR OTHER OBJECTS

- GLUE, SCISSORS, COLORED PAPER, BARBECUE WOODEN SKEWERS

46 FORTY-SIX

1) COVER ALL THE BOXES WITH COLORED PAPER.

2) DRAW THE DETAILS LIKE: DOORS, WINDOWS ETC.

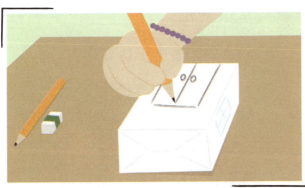

3) WRITE THE NAME OF THE STORES AND OTHER PLACES ON THE BOXES.

4) DRAW THE STREETS ON THE CARDBOARD BASE, COVER IT WITH COLORED PAPER OR PAINT IT.

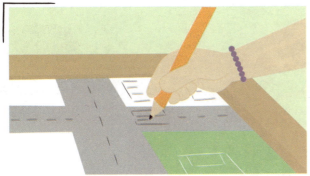

5) DECORATE IT WITH MINIATURES OF TREES, MINICARS, TAXIS, BUSES, BUS STOP, BENCHES ETC.

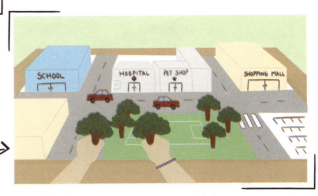

UNIT 3
HEALTHY LIFE

JOIN THE CIRCLE!
- WHAT DO YOU SEE IN THIS PICTURE?
- WHO ARE THESE PEOPLE?
- WHAT ARE THEY DOING?

LET'S LEARN!
- FOOD
- BODY PARTS

LESSON 5: NICE BREAKFAST

LISTEN AND SAY

KEY WORDS

1 LOOK, LISTEN AND SAY.

EGGS | APPLES | BANANAS | COFFEE | CAKE

BREAD　　SUGAR　　BUTTER　　ORANGES　　MILK

1 STICK AND SAY.

2 LISTEN AND CIRCLE.

A) SUGAR — EGG — CAKE

B) APPLE — BUTTER — BREAD

C) BANANA — APPLE — COFFEE

3 LISTEN AND SAY.

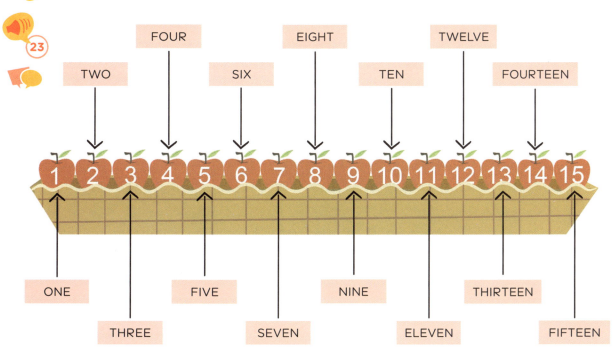

ONE — TWO — THREE — FOUR — FIVE — SIX — SEVEN — EIGHT — NINE — TEN — ELEVEN — TWELVE — THIRTEEN — FOURTEEN — FIFTEEN

NOW, WE KNOW!

1 COMPLETE THE WORDS, MATCH AND SAY.

| C | | K | |

| M | | L | K |

| P | | P | L | |

| C | | F | | F | |

| B | R | | | D |

2 LOOK, LISTEN AND WRITE.

| MILK | SUGAR | COFFEE | BREAD |

WHAT IS THIS?

A)

IT IS ....

B)

IT IS ....

C)

IT IS ....

D)

IT IS ....

1 WRITE THE NAME OF THE COLORS AND SAY.

W	Y	O	R
WHITE	YELLOW	ORANGE	RED

A) WHAT COLOR IS THE BANANA?

IT IS ....

B) WHAT COLOR IS THE MILK?

IT IS ....

C) WHAT COLOR IS THE APPLE?

IT IS ....

D) WHAT COLOR IS THE ORANGE?

IT IS ....

2 LET'S PLAY BINGO!

ELEVEN	FIFTEEN	TEN	SEVEN	TWELVE	APPLE	FOURTEEN
MILK	FOUR	FIVE	ORANGE	SIX	COFFEE	EIGHT
BUTTER	NINE	CAKE	MILK	BREAD	BANANA

BINGO

LET'S SING!

NICE BREAKFAST

LET'S HAVE BREAKFAST!

A HEALTHY BREAKFAST!

I LIKE FRUIT – YUMMY, YUMMY

MILK AND COOKIES – YUMMY, YUMMY

BREAD AND BUTTER – YUMMY, YUMMY

DELICIOUS BREAKFAST!

YUMMY, YUMMY

WHAT A HEALTHY BREAKFAST!

LESSON 6 — BODY HEALTH

LISTEN AND SAY

LOOK. HIS HAIR IS BLOND AND HIS EYES ARE BROWN.

KEY WORDS

1 LOOK, LISTEN AND SAY.

| HEAD | HAIR | EYE | NOSE | MOUTH |

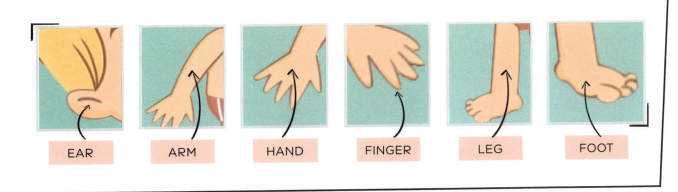

1 LOOK AND MATCH.

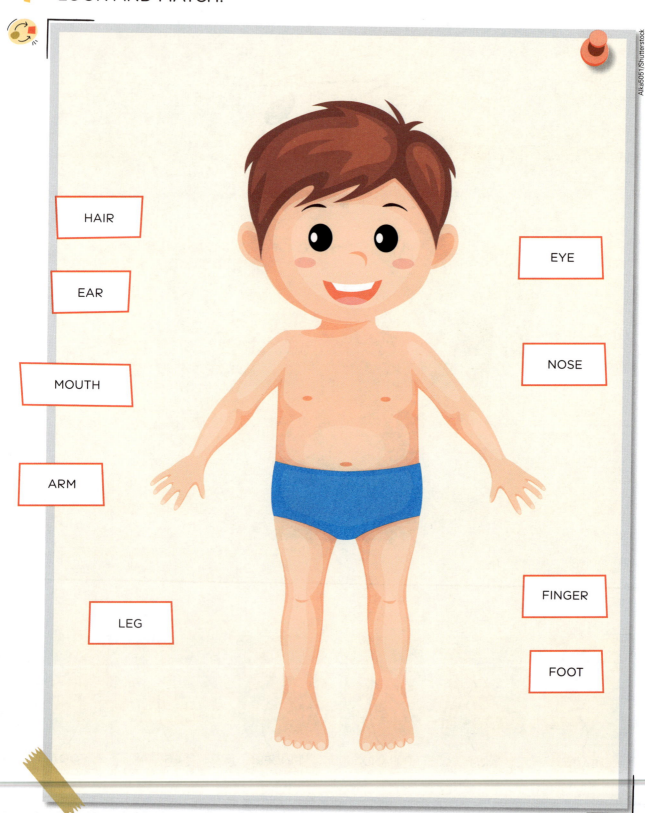

2 LISTEN AND MAKE AN X.

A)

B)

C)

D)

E)

NOW, WE KNOW!

1 LISTEN AND COMPLETE.

GREEN | HAIR | RED | EYES | BROWN

A) MY .... IS ....

B) MY .... IS ....

C) MY .... ARE ....

2 LISTEN AND SAY.

MY EYES ARE GREEN. WHAT COLOR ARE YOUR EYES?

MY HAIR IS BROWN. WHAT COLOR IS YOUR HAIR?

3 MAKE AN X, COMPLETE AND SAY.

WHAT COLOR ARE YOUR EYES?

☐ DARK BROWN

☐ BLUE

☐ BROWN

☐ GREEN

MY EYES ARE _____.

LET'S PRACTICE!

1 COLOR ACCORDING TO THE NUMBERS.

1 BROWN	2 BLUE	3 ORANGE	4 PINK	5 YELLOW	6 GRAY	7 GREEN	8 WHITE	9 BLACK	10 RED

2 COMPLETE WITH THE MISSING LETTERS.

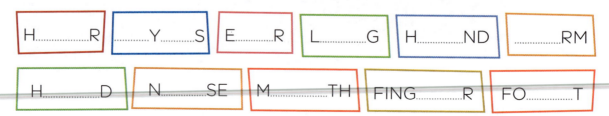

H_____R   _____Y_____S   E_____R   L_____G   H_____ND   _____RM

H_____D   _____N_____SE   M_____TH   FING_____R   FO_____T

3 DRAW A FUNNY FACE AND NAME THE PARTS: EARS, MOUTH, EYES, NOSE AND HAIR.

LET'S SING!

IF YOU'RE HAPPY

IF YOU'RE HAPPY AND YOU KNOW IT,
CLAP YOUR HANDS.
IF YOU'RE HAPPY AND YOU KNOW IT,
CLAP YOUR HANDS.
IF YOU'RE HAPPY AND YOU KNOW IT,
AND YOU REALLY WANT TO SHOW IT,
IF YOU'RE HAPPY AND YOU KNOW IT,
CLAP YOUR HANDS.

TALKING ABOUT...

BE HEALTHY!

- WHAT KIND OF FOOD DO YOU EAT?

- DO YOU EXERCISE?

1 DRAW WHAT YOU EAT.

FRUIT	VEGETABLES

2 THINK AND MAKE AN **X**.

A) I SHOULD EAT MORE...

- ☐ COOKIES.
- ☐ VEGETABLES.
- ☐ FRUIT.
- ☐ CHOCOLATE.

B) I SHOULD DO MORE PHYSICAL ACTIVITIES LIKE...

- ☐ WALKING.
- ☐ RIDING A BIKE.
- ☐ PLAYING SOCCER.
- ☐ SWIMMING.

UNIT 4

MOTHER NATURE

JOIN THE CIRCLE!
- WHAT DO YOU SEE IN THESE PICTURES?
- WHO ARE THESE PEOPLE?
- WHAT IS YOUR FAVORITE PLACE?

LET'S LEARN!
- BEACH AND NATURE
- ANIMALS

LESSON 7

AT THE BEACH

LISTEN AND SAY

KEY WORDS

1 LOOK, LISTEN AND SAY.

SUN   MOON   STAR

1 LISTEN AND NUMBER.

☐ ☐

☐ ☐ ☐

2 LISTEN, POINT AND SAY.

1 ONE	2 TWO	3 THREE	4 FOUR	5 FIVE
6 SIX	7 SEVEN	8 EIGHT	9 NINE	10 TEN
11 ELEVEN	12 TWELVE	13 THIRTEEN	14 FOURTEEN	15 FIFTEEN
16 SIXTEEN	17 SEVENTEEN	18 EIGHTEEN	19 NINETEEN	20 TWENTY

3 MATCH AND SAY.

TWELVE

TWENTY

SIX

FIFTEEN

SIXTEEN

NOW, WE KNOW!

1 LISTEN AND WRITE.

● A NIGHT AT THE BEACH.
● A DAY AT THE BEACH

....

....

....

2 LOOK AT THE PICTURES AND MAKE AN **X**.

A)

B)

☐ SAND   ☐ SUN   ☐ STARS   ☐ FLOWERS

C)

D)

☐ CLOUD   ☐ MOON   ☐ STARS   ☐ CLOUDS

74 SEVENTY-FOUR

3 COMPLETE AND SAY.

11	EL .... VEN	16	S .... XTEEN
12	TWELV	17	S .... V .... NTEEN
13	THIRT .... N	18	EIGHT .... N
14	F .... RTEEN	19	N .... N .... TEEN
15	F .... FTEEN	20	TW .... NTY

4 FIND, CIRCLE AND SAY THE NUMBERS.

LET'S PRACTICE!

1 LET'S PLAY BINGO.

BINGO

1
1	20	3
4	15	16
7	8	19

2
20	3	4
5	6	17
8	9	10

3
11	20	13
4	5	17
8	19	10

2 WORD SEARCH.

| ONE | TWO | THREE | FOUR | FIVE | SIX |
| SEVEN | EIGHT | NINE | TEN | SIXTEEN | TWENTY |

```
O F O U R N T S
N F D T E I W I
E I G H T N O X
Q V R R E E L O
S E V E N Y O P
Z T W E N T Y T
S I X T E E N Z
```

LET'S SING!

COUNT WITH ME

(37) COUNT WITH ME FROM ONE TO TEN!
ONE-TWO-THREE-FOUR
FIVE-SIX-SEVEN-EIGHT
NINE-TEN!
COUNT WITH ME FROM TEN TO TWENTY!
ELEVEN-TWELVE-THIRTEEN-FOURTEEN
FIFTEEN-SIXTEEN-SEVENTEEN-EIGHTEEN
NINETEEN-TWENTY!
NOW, VERY FAST!

COUNT WITH ME FROM ONE TO TWENTY!
ONE-TWO-THREE-FOUR
FIVE-SIX-SEVEN-EIGHT
NINE-TEN!
ELEVEN-TWELVE-THIRTEEN-FOURTEEN
FIFTEEN-SIXTEEN-SEVENTEEN-EIGHTEEN
NINETEEN-TWENTY! YEAH!

ANIMALS

LISTEN AND SAY

KEY WORDS

1 LOOK, LISTEN AND SAY.

LION

ELEPHANT

MONKEY

GIRAFFE

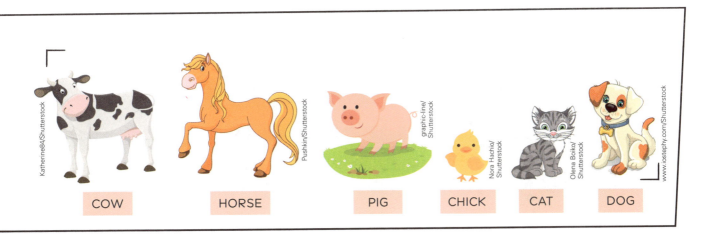

LANGUAGE TIME

2 LISTEN AND MAKE AN **X**.

A

B

C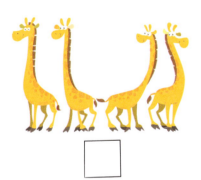

3 LOOK AND WRITE.

BROWN   GRAY   ORANGE

A) I AM A FISH. I AM ....

B) I AM A MONKEY. I AM ....

C) I AM AN ELEPHANT. I AM ....

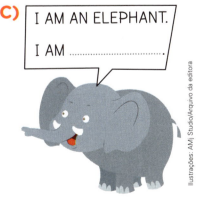

NOW, WE KNOW!

1 COUNT THE ANIMAL CARDS AND WRITE THE NUMBERS.

A) ☐ = ...

B) ☐ = ...

C) ☐ = ...

D) ☐ = ...

E) ☐ = ...

2 WRITE AND SAY.

WHAT IS THIS?

IT IS A ....   IT IS A ....

IT IS A ....   IT IS A ....

IT IS A ....   IT IS A ....

1 INTERVIEW YOUR FRIENDS.

 WHAT IS YOUR FAVORITE ANIMAL?

MY FAVORITE ANIMAL IS THE...	NUMBER OF STUDENTS
LION	
DOG	
CAT	
CHICK	
PIG	
COW	
HORSE	
ELEPHANT	
MONKEY	
GIRAFFE	

2 WRITE THE NAME OF THE ANIMALS IN THE CORRECT LIST.

DOG, ELEPHANT, HORSE, COW, MONKEY, LION, PIG, FISH, GIRAFFE, CHICK, BIRD, CAT

FOREST/WILD ANIMALS	PETS	FARM ANIMALS

 TECH TIPS...

DID YOU KNOW THAT THERE ARE INTERNET SITES AND CELL PHONE APPS THAT CAN HELP YOU TAKE GOOD CARE OF YOUR PET?

🎵 **LET'S SING!**

OLD MACDONALD

🔊 41

OLD MACDONALD HAD A FARM,
EE – I – EE – I – O!
AND ON HIS FARM HE HAD SOME CHICKS,
EE – I – EE – I – O!
WITH A CHICK, CHICK HERE,
AND A CHICK, CHICK THERE,
HERE A CHICK, THERE A CHICK,
EVERYWHERE A CHICK, CHICK...

AND ON HIS FARM HE HAD SOME DUCKS (QUACK),
AND ON HIS FARM HE HAD SOME COWS (MOO).

IT'S YOUR TURN!

SAVE THE ANIMALS!

 IN GROUPS, FOLLOW THE STEPS BELOW.

YOU NEED:

- WHITE CARDBOARD PAPER

- 1 GLUE STICK

- COLORED PENCILS

- OLD MAGAZINES

- BLUNT-TIP SCISSORS

1) CHOOSE AN ANIMAL.

2) DRAW IT.

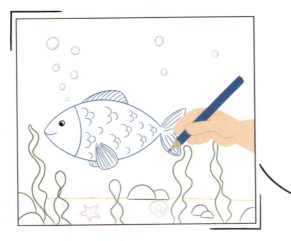

3) COLOR IT.

4) GLUE AND MAKE A POSTER.

5) SHOW YOUR POSTER TO YOUR CLASSMATES.

REVIEW  FAMILY DAY

1 FIND AND CIRCLE GRANDMA.

A)

B)

C)

D)

2 GLUE A PHOTO OR DRAW A FAMILY MEMBER.

THIS IS MY ....

REVIEW: MY FAVORITE TOY

1 MATCH AND CHECK THE MISSING TOY.

- [ ] BIKE
- [ ] SKATEBOARD
- [ ] HULA HOOP
- [ ] BALL
- [ ] DOLL
- [ ] VIDEO GAME
- [ ] PUZZLE
- [ ] MINICAR

AT SCHOOL

1 COMPLETE THE CROSSWORD.

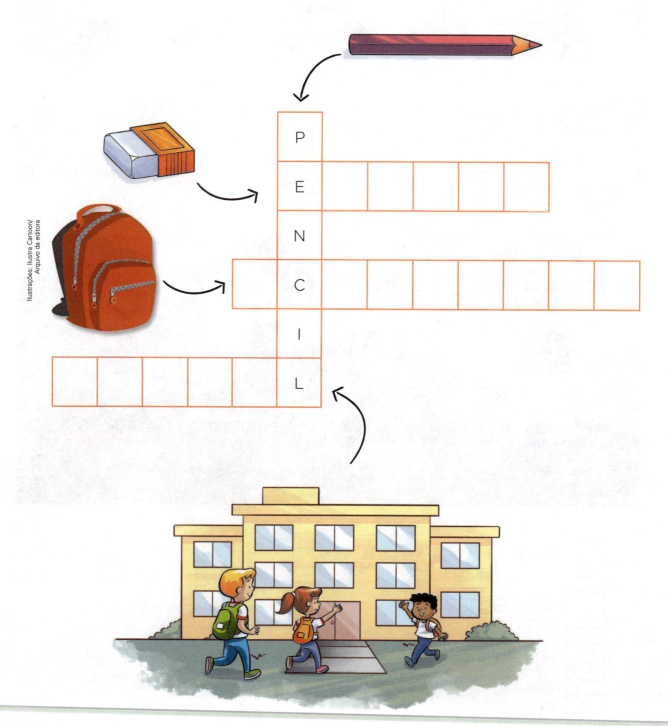

REVIEW → WALKING AROUND TOWN

1 COMPLETE THE MISSING LETTERS.

A) THIS IS A S__P__RM__RK__T.

B) THIS IS A M__S____M.

C) THIS IS A SCH____L.

D) THIS IS A SP__RTS CL__B.

E) THIS IS A P__RK.

F) THIS IS A SH__PP__NG M__LL.

G) THIS IS A H__SP__T A L.

REVIEW — NICE BREAKFAST

1 MAKE AN **X** AND SAY.

A) MILK

B) CAKE

C) APPLE

D) EGG

E) BREAD

F) COFFEE

REVIEW — BODY HEALTH

1 DRAW AND COLOR THE BODY PARTS.

A) A GIRL WITH BROWN HAIR AND BLUE EYES.

B) A BOY WITH BLOND HAIR AND GREEN EYES.

REVIEW ➤ AT THE BEACH

1 WRITE AND SAY.

A) WHAT COLOR ARE THE TREES?

THEY ARE ....

B) WHAT COLOR ARE THE CLOUDS?

THEY ARE ....

C) WHAT COLOR IS THE BIKE?

IT IS ....

D) WHAT COLOR IS THE SKY?

IT IS ....

REVIEW → ANIMALS

1 WORD SEARCH.

S	H	M	V	F	R	Q	Y	I	T	O	W	P
L	O	G	K	N	S	R	S	E	N	B	U	E
F	R	J	A	P	I	G	J	C	H	I	C	K
L	S	L	X	C	P	E	Q	U	B	R	G	N
B	E	I	I	M	Q	T	H	Z	Z	D	K	G
C	Y	O	U	O	C	O	W	Q	A	R	O	I
A	H	N	Z	B	N	K	D	G	V	W	H	R
T	D	P	E	L	E	P	H	A	N	T	F	A
A	V	T	I	S	J	U	L	C	X	P	I	F
M	O	N	K	E	Y	D	M	T	K	C	S	F
X	L	J	W	M	O	D	O	G	F	Y	H	E

LET'S PLAY! FAMILY DAY

1 HELP THE BOY FIND HIS WAY TO GRANDMA.

LET'S PLAY! MY FAVORITE TOY

1 FIND AND WRITE.

A BABY .... A GIRL .... A BALL ....

A BOY .... A BIKE .... A BIRD ....

LET'S PLAY! ➔ AT SCHOOL

1 READ AND CIRCLE.

| PENCIL | NOTEBOOK | PENCIL SHARPENER | SCHOOLBAG | ERASER | BOOK |

LET'S PLAY! WALKING AROUND TOWN

1 COLOR.

1. YELLOW
2. WHITE
3. BLACK
4. GREEN
5. RED
6. BLUE

LET'S PLAY!  NICE BREAKFAST

1 SUDOKU.

LET'S PLAY! BODY HEALTH

1 CROSSWORD.

H U M A N * B O D Y

LET'S PLAY! AT THE BEACH

1 STICK AND SAY.

A) A YELLOW SUN.

B) FOUR PINK FLOWERS.

C) TWO WHITE CLOUDS.

D) A BLUE HOUSE.

E) THREE GREEN TREES.

LET'S PLAY!  ANIMALS

1 READ AND COLOR.

A) IT IS A YELLOW CHICK.

B) IT IS A BROWN MONKEY.

C) IT IS A YELLOW AND BLACK GIRAFFE.

D) IT IS A BLUE FISH.

AUDIO TRANSCRIPT

TRACK 3

A) DAD, MOM, PARENTS; B) BABY BROTHER; C) BROTHER; D) SISTER; E) GRANDPA; F) GRANDMA.

TRACK 8

I'M MEG. MY FAVORITE TOY IS THE PUZZLE.

I'M JOE. MY FAVORITE TOY IS THE VIDEO GAME.

I'M THEO. MY FAVORITE TOY IS THE BALL.

I'M BELLA. MY FAVORITE TOY IS THE HULA HOOP.

I'M ARCHIE. MY FAVORITE TOY IS THE MINICAR.

TRACK 13

A) BOOK; B) NOTEBOOK; C) ERASER; D) PENCIL; E) PENCIL SHARPENER; F) SCHOOLBAG.

TRACK 17

A) IT IS A SUPERMARKET.; B) IT IS A SHOPPING MALL.; C) IT IS A HOSPITAL.; D) IT IS A PARK.

TRACK 18

A) THE WOMAN IS IN THE PARK.; B) THE BOY IS IN THE SPORTS CLUB.; C) THE MAN IS IN THE SUPERMARKET.

TRACK 22

A) CAKE; B) BUTTER; C) APPLE.

TRACK 24

WHAT IS THIS? A) IT IS SUGAR; B) IT IS MILK; C) IT IS BREAD; D) IT IS COFFEE.

TRACK 28

A) HAND; B) HEAD; C) FOOT; D) LEG; E) ARM.

TRACK 29

A) MY HAIR IS BROWN.; B) MY HAIR IS RED.; C) MY EYES ARE GREEN.

TRACK 34

1. THE SUN IS YELLOW.; 2. THE SKY IS BLUE.; 3. THE FLOWER IS RED.; 4. THE CLOUD IS WHITE.; 5. THE SEA IS BLUE.

TRACK 36

A NIGHT AT THE BEACH: SEA, MOON, STAR; A DAY AT THE BEACH: SUN, PALM TREE, SAND.

TRACK 40

A) NINE CHICKS; B) SEVEN BIRDS; C) FOUR GIRAFFES.

GLOSSARY

A

A: UM, UMA
ABOUT: SOBRE
ACCORDING TO: DE ACORDO COM
ACTIVITY: ATIVIDADE
AFTERNOON: TARDE
AGAIN: DE NOVO
ALL: TUDO; TODOS
AM: SOU; ESTOU
AN: UM, UMA
AND: E
ANOTHER: OUTRO(A)
ANSWER: RESPONDER
APPLE: MAÇÃ

ARE: SÃO; ESTÃO
ARM: BRAÇO
AT: NO, NA; PARA

B

BABY: BEBÊ
BALL: BOLA
BARBECUE SKEWER: PALITO DE CHURRASCO
BEACH: PRAIA
BENCH: BANCO
BIG: GRANDE
BIKE: BICICLETA

BIRD: PÁSSARO
BIRTHDAY: ANIVERSÁRIO
BLACK: PRETO(A)
BLOND HAIR: CABELO LOIRO
BLUE: AZUL
BLUE EYE: OLHO AZUL
BODY: CORPO
BOOK: LIVRO

BOY: MENINO
BOX: CAIXA
BREAD: PÃO
BREAK: LANCHE; RECREIO
BREAKFAST: CAFÉ DA MANHÃ
BROTHER: IRMÃO
BROWN: MARROM
BROWN EYES: OLHOS CASTANHOS
BUSY: OCUPADO(A)
BUTTER: MANTEIGA

C

CAKE: BOLO

CAN: PODER
CAR: CARRO
CARD: CARTA, FICHA
CARDBOARD: PAPELÃO, CARTOLINA
CAT: GATO(A)
CHANT: RECITAR, ENTOAR
CHICK: PINTINHO

CIRCLE: CIRCULAR
CITY: CIDADE
CLAP: BATER PALMAS
CLASSROOM: SALA DE AULA
CLOTHING BUTTON: BOTÃO DE ROUPA
CLOUD: NUVEM
COFFEE: CAFÉ

COLOR: COR; COLORIR
COLORED PENCIL: LÁPIS DE COR
COMPLETE: COMPLETAR
COMPUTER: COMPUTADOR
COOKIE: BISCOITO
COOPERATIVE: COOPERATIVO, EM GRUPO
COUNT: CONTAR
COUNTRY: CAMPO, ZONA RURAL
COUSIN: PRIMO(A)
COW: VACA
CROSSWORD: PALAVRAS CRUZADAS
CUT: CORTAR

D

DAD: PAPAI
DATE: DATA
DAY: DIA
DEAR: QUERIDO(A)
DELICIOUS: DELICIOSO(A)
DIFFERENCE: DIFERENÇA
DO: FAZER; VERBO AUXILIAR
DOG: CACHORRO(A)

DOLL: BONECA
DOT: PONTO
DRAW: DESENHAR

E

EACH: CADA
EAR: ORELHA
EAT: COMER
EGG: OVO
EIGHT: OITO
EIGHTEEN: DEZOITO
ELEPHANT: ELEFANTE

ELEVEN: ONZE
ENJOY: APROVEITAR, CURTIR
ERASER: BORRACHA
EVERYBODY: TODO MUNDO, TODAS AS PESSOAS
EVERYWHERE: TODO LUGAR
EXERCISE: EXERCITAR--SE
EYE: OLHO

F

FACE: ROSTO, FACE
FAMILY: FAMÍLIA
FAMILY DAY: DIA DA FAMÍLIA
FARM: FAZENDA

FATHER: PAI
FAVORITE: FAVORITO(A)
FEET: PÉS
FIFTEEN: QUINZE
FIND: ENCONTRAR
FINGER: DEDO DA MÃO
FISH: PEIXE
FIVE: CINCO
FLOWER: FLOR

FOOD: COMIDA
FOOT: PÉ
FOUR: QUATRO
FOURTEEN: CATORZE
FRIEND: AMIGO(A)
FRUIT: FRUTA(S)
FUN: DIVERTIDO(A)
FUNNY: ENGRAÇADO(A)

G

GAME: JOGO
GIRAFFE: GIRAFA
GIRL: MENINA

GLUE: COLAR, COLA
GO: IR
GOOD: BOM, BOA
GOOD AFTERNOON: BOA TARDE
GOOD MORNING: BOM DIA
GRANDMA: VOVÓ, AVÓ
GRANDPA: VOVÔ, AVÔ
GRAY: CINZA
GREEN: VERDE

H

HAD: TINHA
HAIR: CABELO
HAND: MÃO
HAPPY: FELIZ
HAVE: TER
HE: ELE
HEAD: CABEÇA
HEALTH: SAÚDE
HEALTHY: SAUDÁVEL
HELLO: OLÁ
HERE: AQUI
HIS: DELE
HOMEWORK: LIÇÃO DE CASA
HORSE: CAVALO
HOUSE: CASA
HULA HOOP: BAMBOLÊ

HUMAN: HUMANO

I

I: EU
IF: SE
I'M: EU SOU; EU ESTOU
IN: EM
INDIAN: INDÍGENA
INTERVIEW: ENTREVISTA; ENTREVISTAR
IS: É; ESTÁ
IT: ELE, ELA (ANIMAIS E OBJETOS)
IT'S: ELE/ELA É; ELE/ELA ESTÁ (ANIMAIS E OBJETOS)

J

JOIN: JUNTAR
JUICE: SUCO

K

KID: CRIANÇA
KIND: TIPO
KNOW: CONHECER

L

LANGUAGE: LINGUAGEM
LAPTOP: COMPUTADOR PORTÁTIL
LEARN: APRENDER
LEG: PERNA
LESSON: LIÇÃO
LET'S: VAMOS
LIFE: VIDA
LION: LEÃO

LISTEN: OUVIR
LITTLE: PEQUENO(A); POUCO(A)
LONG: LONGO(A)
LOOK: OLHAR
LOVE: AMOR

M

MAKE: FAZER
MATCH: LIGAR, RELACIONAR
MEMORY GAME: JOGO DA MEMÓRIA
MILK: LEITE
MINICAR: CARRINHO (DE BRINQUEDO)
MISSING: FALTANDO
MODEL: MODELO; MAQUETE
MOM: MAMÃE
MONKEY: MACACO(A)

MOON: LUA
MOTHER: MÃE
MOUTH: BOCA
MUSEUM: MUSEU

MY: MEU, MINHA

N

NAME: NOME
NATURE: NATUREZA
NEED: PRECISAR, NECESSITAR
NICE: BOM, AGRADÁVEL
NIGHT: NOITE
NINE: NOVE
NINETEEN: DEZENOVE
NO: NÃO
NOSE: NARIZ

NOTEBOOK: CADERNO

NOTES: ANOTAÇÕES
NOW: AGORA
NUMBER: NÚMERO; NUMERAR

O

OBJECT: OBJETO
ODD: ESTRANHO(A)
OF: DE
OLD: VELHO(A)
ON: SOBRE
ONE: UM
ONLY: SOMENTE
OR: OU
ORANGE: LARANJA

OUR: NOSSO(S), NOSSA(S)

P

PALM TREE: PALMEIRA
PAPER: PAPEL
PARENTS: PAIS
PARK: PARQUE
PEN: CANETA
PENCIL: LÁPIS
PENCIL CASE: ESTOJO
PENCIL SHARPENER: APONTADOR

PICTURE: FIGURA; FOTOGRAFIA
PIG: PORCO(A)

PINK: COR-DE-ROSA
PLACE: LUGAR
PLAY: BRINCAR
POINT: APONTAR
POSTER: CARTAZ
PRACTICE: PRATICAR
PROJECT: PROJETO
PURPLE: ROXO
PUZZLE: QUEBRA-CABEÇA

Q

QUIZ: QUESTIONÁRIO

R

READ: LER
REALLY: REALMENTE
RED: VERMELHO(A)
RED HAIR: CABELO RUIVO
RELAX: RELAXAR
REPEAT: REPETIR
REVIEW: REVISAR, REVISÃO
ROSE: ROSA
RULER: RÉGUA

S

SAND: AREIA
SAVE: SALVAR
SAY: DIZER, FALAR
SCENE: CENA
SCHOOL: ESCOLA
SCHOOLBAG: MOCHILA

SCISSORS: TESOURA
SEA: MAR
SEARCH: PESQUISAR
SECOND: SEGUNDO
SEE: VER
SEVEN: SETE
SEVENTEEN: DEZESSETE
SHOPPING MALL: CENTRO COMERCIAL; *SHOPPING CENTER*
SHOULD: DEVERIA, DEVERÍAMOS
SHOW: MOSTRAR
SING: CANTAR
SISTER: IRMÃ
SIX: SEIS
SIXTEEN: DEZESSEIS
SKY: CÉU
SNAP: ESTALAR
SO: ASSIM
SOME: ALGUNS
SPORTS CLUB: CLUBE
STAMP: BATER (PÉS)
STAR: ESTRELA
STICK: COLAR
STICKER: ADESIVO
STREET: RUA
STUDENT: ALUNO(A), ESTUDANTE
SUGAR: AÇÚCAR
SUN: SOL
SUPERMARKET: SUPERMERCADO
SWEET: DOCE

T

TEACHER: PROFESSOR(A)
TEN: DEZ
THANK YOU: OBRIGADO(A)
THE: O, A, OS, AS
THERE: LÁ
THEY: ELES, ELAS
THINK: PENSAR
THIRTEEN: TREZE
THIS: ESTE, ESTA
THREE: TRÊS
TIME: TEMPO, MOMENTO
TO: PARA
TOWN: CIDADE
TOY: BRINQUEDO
TREE: ÁRVORE
TWELVE: DOZE
TWENTY: VINTE
TWO: DOIS, DUAS

U

UNIT: UNIDADE
USE: USAR

V

VEGETABLES: VERDURAS E LEGUMES
VIOLET: VIOLETA

W

WANT: QUERER
WE: NÓS
WHAT: O QUE, QUAL
WHERE: ONDE
WHITE: BRANCO(A)
WITH: COM
WORD: PALAVRA
WRITE: ESCREVER

Y

YELLOW: AMARELO(A)
YES: SIM
YOU: VOCÊ, VOCÊS
YOUR: SEU(S), SUA(S)

SUGGESTIONS FOR STUDENTS

● BOOKS

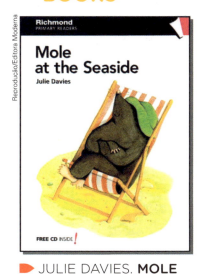

▶ JULIE DAVIES. **MOLE AT THE SEASIDE**. SÃO PAULO: RICHMOND, 2013.

UMA TOUPEIRA TEM SUA VIDA TRANSFORMADA QUANDO RECEBE LINDOS ÓCULOS DE PRESENTE. ELA COMEÇA A ENXERGAR COISAS QUE ANTES NÃO PODIA VER. COM SEUS ÓCULOS NOVOS, DECIDE VIAJAR PARA A PRAIA. LÁ ELA FAZ NOVOS AMIGOS E VIVE MUITAS AVENTURAS. O LIVRO VEM COM UM CD.

▶ EDUARDO AMOS E OUTROS. **NICHOLAS'S PRIZE**. SÃO PAULO: RICHMOND, 2003.

O QUE ACONTECE COM NICHOLAS DEPOIS QUE ELE RESPONDE CORRETAMENTE A TRÊS PERGUNTAS EM UM PROGRAMA DE TV? VIVA COM NICHOLAS ESSA FASCINANTE AVENTURA EM UMA ILHA DO CARIBE.

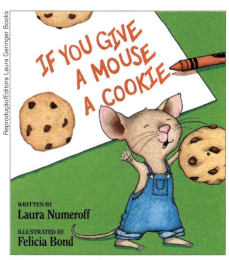

▶ LAURA NUMEROFF. **IF YOU GIVE A MOUSE A COOKIE**. LAURA GERINGER BOOKS, 2010.

SE UM RATINHO APARECER À SUA PORTA, VOCÊ VAI QUERER DAR UM BISCOITO A ELE. E SE VOCÊ LHE DER UM BISCOITO, ELE PEDIRÁ UM COPO DE LEITE. ENTÃO, ELE VAI QUERER CONFERIR NO ESPELHO SE SEU BIGODE ESTÁ SUJO DE LEITE E PEDIR UMA TESOURA PARA SE ARRUMAR...

▶ ERIC CARLE. **THE VERY HUNGRY CATERPILLAR**. NOVA YORK, PUFFIN BOOKS, 1994.

EM UM DOMINGO, DE UM OVO NASCE UMA LAGARTA FAMINTA. ELA COME MUITO DURANTE UMA SEMANA INTEIRA, ATÉ QUE FICA PRONTA PARA CONSTRUIR SEU CASULO.

SITES

- https://kids.nationalgeographic.com/

  JOGOS INTERATIVOS, VÍDEOS, CURIOSIDADES E TEXTOS SOBRE ANIMAIS. OUTRAS ATIVIDADES INTERATIVAS: QUESTIONÁRIOS *ON-LINE*, QUESTIONÁRIOS PERSONALIZADOS, JOGOS DE AÇÃO, ATIVIDADES DE COMPLETAR.

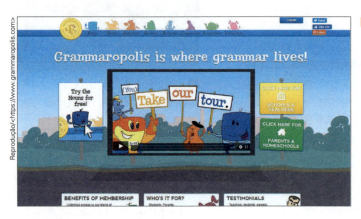

- www.grammaropolis.com/

  SITE COM LIÇÕES DE GRAMÁTICA E VOCABULÁRIO EM INGLÊS DE VÁRIOS NÍVEIS, JOGOS, PIADAS E ATIVIDADES INTERATIVAS. ACESSO EM: 30 SET. 2019.

BIBLIOGRAPHY

ALMEIDA FILHO, J. C. P. *DIMENSÕES COMUNICATIVAS NO ENSINO DE LÍNGUAS*. 2. ED. CAMPINAS: PONTES, 2000.

BRASIL. *BASE NACIONAL COMUM CURRICULAR (BNCC)*. BRASÍLIA: MEC, 2018. DISPONÍVEL EM: <http://basenacionalcomum.mec.gov.br/>. ACESSO EM: 26 SET. 2019.

CELANI, M. A. A. *ENSINO DE SEGUNDA LÍNGUA*: REDESCOBRINDO AS ORIGENS. SÃO PAULO: EDUC, 1997.

HARMER, J. *THE PRACTICE OF ENGLISH LANGUAGE TEACHING*. 4. ED. LONDON: PEARSON LONGMAN, 2007.

MOITA LOPES, L. P. A NOVA ORDEM MUNDIAL, OS PARÂMETROS CURRICULARES NACIONAIS E O ENSINO DE INGLÊS NO BRASIL. A BASE INTELECTUAL PARA UMA AÇÃO POLÍTICA. IN: BARBARA, L.; RAMOS, R. DE C. G. *REFLEXÃO E AÇÕES NO ENSINO-APRENDIZAGEM DE LÍNGUAS*. SÃO PAULO: MERCADO DE LETRAS, 2003.

VYGOTSKY, L. S. *A FORMAÇÃO SOCIAL DA MENTE*: O DESENVOLVIMENTO DOS PROCESSOS PSICOLÓGICOS SUPERIORES. SÃO PAULO: MARTINS FONTES, 1991.

MEMORY GAME

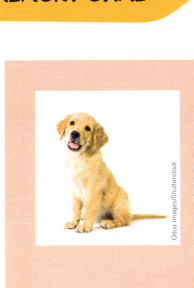

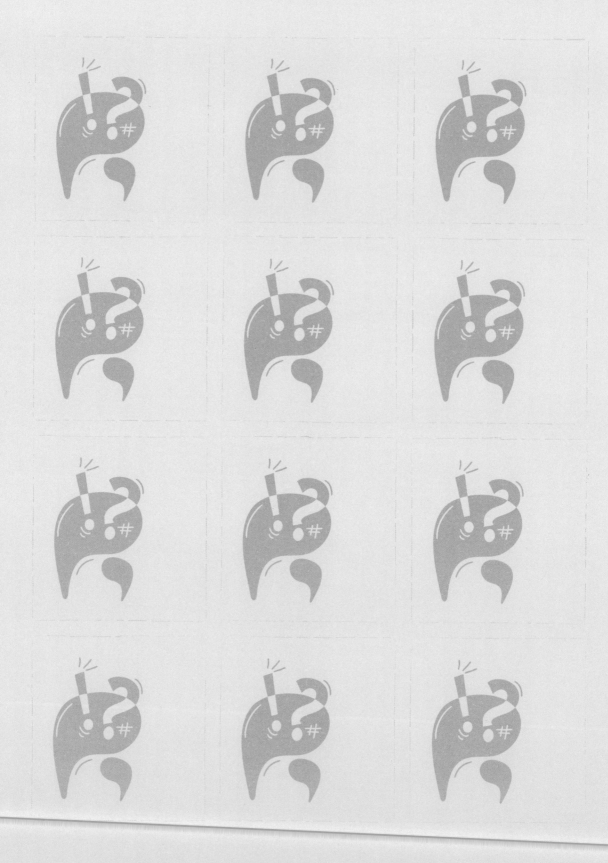

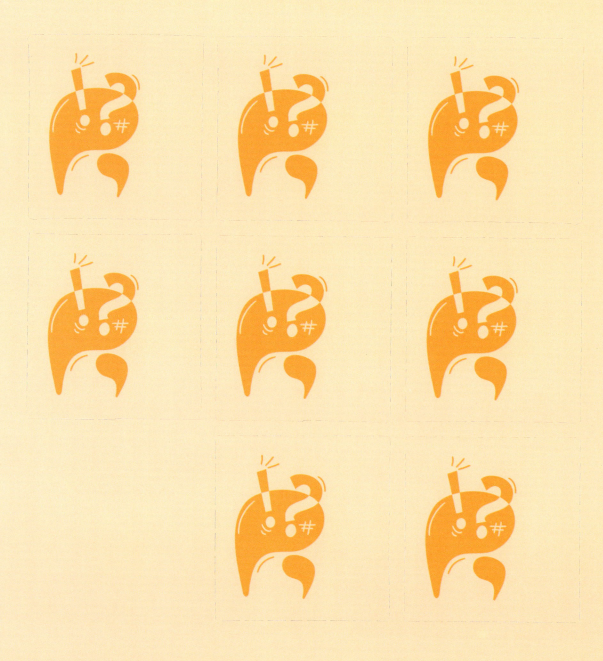

DOG	ELEPHANT	COW
LION	GIRAFFE	CAT
BIRD	MONKEY	FISH
HORSE	CHICK	EGG

BREAD	BANANA	APPLE
CAKE	ORANGE	COFFEE
MILK	BUTTER	

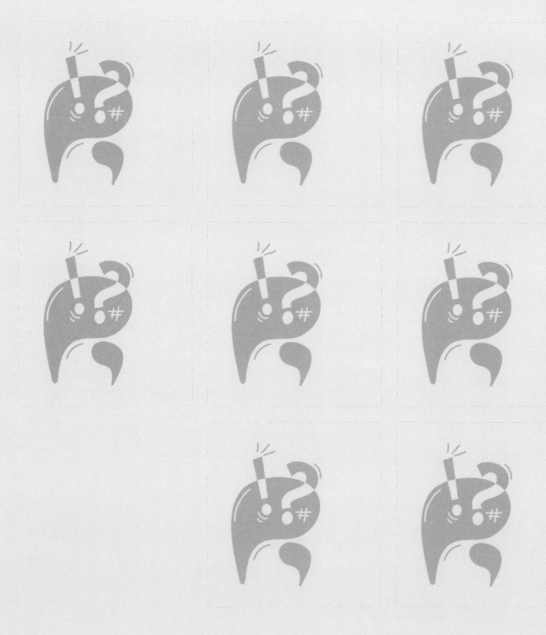

STICKERS

LESSON 1 - FAMILY

LESSON 3 - AT SCHOOL

LESSON 4 – WALKING AROUND TOWN

LESSON 5 – NICE BREAKFAST

CAKE	BREAD
BUTTER	ORANGES
COFFEE	SUGAR

LESSON 8 – ANIMALS

LET'S PLAY! – AT THE BEACH